Anton Hildmann

Vegane Rezepte

Über 275 beliebte und einfache Rezepte der veganen Küche.

BOD Verlag Norderstedt

Band 1:

Vorspeisen und Salate

VEGANE REZEPTE

ÜBER 275 BELIEBTE & EINFACHE REZEPTE DER VEGANEN KÜCHE.

2016

Band 1

Vorspeisen & Salate

Herstellung und Verlag:

BoD - Books on Demand, Norderstedt

VORWORT

Ich möchte mich vorab dafür bedanken, dass Sie sich für das Kochbuch

Vegane Rezepte,
Beliebte und einfache Rezepte der veganen Küche

entschieden haben. Ich bin mir sicher, dass es Ihnen viel Freude bereiten wird.

Ich muss gestehen, ich bin kein großer Schreiber, der viele Worte macht. Dementsprechend werde ich es in diesem Kochbuch auch sehr sachlich halten und Ihnen das präsentieren, weswegen Sie ein veganes Kochbuch gekauft haben: Für leckere Rezepte der veganen Küche.

Mir liegt es auch fern, Ihnen etwas über die Philosophie der Veganer vorzutragen. Sie werden auch nichts darüber lesen, wie toll und gesund es ist, das vegane Leben zu praktizieren. Diesbezüglich haben Sie sich bestimmt schon an anderer Stelle informiert und benötigen dementsprechend von mir nicht noch eine Informationslektüre.

Das, was ich Ihnen mit diesem Kochbuch geben werde, sind köstliche vegane Gerichte.

Ob Sie nun ein „alter" Vegan-Profi sind oder kürzlich erst in das vegane Leben eingetaucht sind, Sie werden merken, Vegan sein ist ein Abenteuer, auf das man sich jeden Tag erneut einlassen muss. Rezepte finden, das ist nicht immer einfach und wenn man fündig geworden ist, sollten sie möglichst auch noch schmecken. Ich bin mir sicher, dass Sie in diesem Kochbuch sehr wohl fündig werden und das Ihnen viele der Rezepte ans Schlemmer-Herz wachsen werden. Sie erfahren auch, dass es nicht immer zwingend notwendig ist, Tofu für alle Gerichte zu verwenden.

Gehen Sie auf eine köstliche und kulinarische Reise, die Ihnen dieses Kochbuch offenbaren wird. Von der Vorspeise über Suppen und Hauptspeisen, das Backen und Grillen, bis hin zum leckeren Dessert.

Bei **275 Rezepten**, ist mit Sicherheit für jeden etwas dabei.
Ich würde mir wünschen, dass Sie ihre Phantasie mit ins Spiel bringen. Kochen Sie nicht einfach nur ein Gericht aus einem Kochbuch, sondern kochen Sie IHR Gericht. Es ist doch völlig egal, ob der Auflauf 4 oder 6 Schichten hat, oder ob die Mayonnaise mehr gelblich oder schneeweiß ist.

Jeder weiß doch wie ein Eintopf, oder Tiramisu auszusehen hat. Kochen und genießen Sie mit allen Sinnen und dazu zählt meines Erachtens auch die Phantasie.

Fangen Sie doch gleich damit an. Überraschen Sie sich und Ihre Liebsten und lassen Sie Ihrer Phantasie freien Lauf.

Ich wünsche Ihnen gutes gelingen sowie einen guten Appetit, Ihr

Anton Hildmann

Anton Hildmann

P.S.: Alle Gerichte sind für 2-4 Personen ausgelegt. Außer Speisen die gebacken werden.

INHALT

Vorwort	3
Disclaimer	8
Abkürzungen	9
Band 1: Vorspeisen & Salate	10
1.1. Nudelsalat	10
1.2. Gefüllte Avocado	11
1.3. Steckrüben-Topinambur Carpaccio	12
1.4. Gemischter Salat mit warmen Champignons und Honig-Senf-Vinaigrette	13
1.5. Baba Ganoush	14
1.6. Linsen-Tomaten-Salat	15
1.7. Antipasti	16
1.8. Scharfer Karottensalat mit Kräutern	17
1.9. Tomaten - Oliven Relish	18
1.10. Scharfe Melonenspieße	19
1.11. Sushi mit Tofu	20
1.12. Gebratene Paprikaschoten	21
1.13. Rote Bete gebraten mit Walnüssen und Salat	22
1.14. Marinierter Spargel - Erdbeer - Salat	23
1.15. Avocado - Tatar	24
1.16. Zucchini - Tomaten - Gemüse	25
1.17. Falafel	26
1.18. Kürbis - Salat	27
1.19. Möhren - Apfel - Salat mit Orangendressing und Walnüsse	28
1.20. Karottensalat mit Erdnüssen	29
1.21. Bruschetta	30
1.22. Rucola-Möhren-Mango-Salat	31
1.23. Tabulé	32
1.24. Pikant eingelegte getrocknete Tomaten	33
1.25. Erbsensalat mit Avocado und Minze	34
1.26. Avocado - Salsa an Pellkartoffeln	35
1.27. Gebackener Tofu	36
1.28. Mediterrane Zucchini	37
1.29. Italienischer Gurkensalat	38
1.30. Gebratener Knoblauch - Fenchel	38
1.31. Kartoffelsalat mit Äpfeln und Linsen	39
1.32. Mercimek-Köftesi	40
1.33. Buchweizen - Möhren - Bratlinge	41
1.34. Fruchtiger Bohnensalat mit Thymian	42
1.35. Kartoffelsalat	43

1.36. Avocado Relish 44

1.37. Libanesische Spinat - Teilchen 45

1.38. Radieschensalat 46

1.39. Aromatische Spinatbällchen 47

1.40. Zucchinifrikadellen 48

1.41. Birnen-Käse-Salat 49

1.42. Gefüllte Pfannkuchen mit Spinat, Linsen und Quinoa 50

1.43. Süßkartoffel-Tortilla 51

1.44. Sommerrollen mit Erdnussdip 52

1.45. Sommersalat mit frischem Spargel 53

1.46. Käse 54

1.47. Waldorfsalat 55

1.48. Veganer Fleischsalat 56

DISCLAIMER

Alle bereitgestellten Bilder wurden gemeinfrei (Public Domain) entsprechend der Verzichtserklärung Creative Commons CC0 von Pixapay.com zur Verfügung gestellt. Soweit gesetzlich möglich, wurden von den Autoren sämtliche Urheber- und verwandten Rechte an den Inhalten an Pixapay.com abgetreten.

Die Bilder unterliegen damit keinem Kopierrecht und können - verändert oder unverändert - kostenlos für kommerzielle und nicht kommerzielle Anwendungen in digitaler oder gedruckter Form ohne Bildnachweis oder Quellenangabe verwendet werden.

Anm. Autor:

Die Bilder dienen zu Dekorationszwecken des Buches und sollen den Appetit anregen. Zu einer Bebilderung der beschriebenen Rezepte sind die Illustrationen nicht vorgesehen.

ABKÜRZUNGEN

Auf dieser Seite finden Sie zur Erklärung alle Abkürzungen, die Sie im Kochbuch vorfinden werden. Sollte ich das Ein oder Andere vergessen haben, dann bitte ich um Vergebung! Kommt hoffentlich nicht mehr vor.

Pck.	Packung	
St.	Stück	
g	Gramm	
kg	Kilogramm	
ml	Milliliter	
cm	Centimeter	
cl	Zentiliter	
l	Liter	
kcal	Kilokalorien	
evtl.	eventuell	
ca.	Circa	
m. große	mittel große	
Msp.	Messerspitze	1 ml
TL	Teelöffel	5 ml
EL	Esslöffel	15 ml
T	Tasse	200 ml
gestr	gestrichen	
geh.	gehäuft	
n.B.	nach Bedarf	

BAND 1: VORSPEISEN & SALATE

1.1. NUDELSALAT

Zutaten

500 g	vegane Nudeln (Fusilli)
2 Pck	Sojasahne
1 Pck.	Räuchertofu
1 Dose	Erbsen
100 g	schwarze Oliven
1 Dose	Mais
1 Bund	Lauchzwiebeln
1/2	Zitrone, den Saft davon
(optional)	Pflanzenöl
	Salzwasser
	etwas Rotweinessig
	Salz und Pfeffer
	etwas Maggi
	etwas Cayennepfeffer

Zubereitung

- Die Nudeln in Salzwasser al dente kochen und kalt abschrecken.
- Den Tofu in kleine Würfel schneiden und in geschmacksneutralem Öl scharf anbraten, bis er etwas braun ist. Den Räuchertofu aus der Pfanne holen. Das Öl in der Pfanne lassen. Sparen Sie nicht mit dem Öl, damit der Nudelsalat nicht zu trocken wird.
- Geben Sie nun die Sojasahne zum Öl in die Pfanne und bringen Sie sie zum aufkochen. Anschließend die Soße mit Essig, Salz, Pfeffer und 2 - 3 Spritzern Maggi und nach Wunsch mit der Zitrone abschmecken. Cayennepfeffer und Oliven dazugegeben.
- Mais und Erbsen abgießen, abspülen und abtropfen. Schneiden Sie nun die Lauchzwiebeln in Ringe und geben Sie nun alles (inkl. Nudeln) mit der Soße.
- Umrühren. Fertig!

1.2. GEFÜLLTE AVOCADO

Zutaten

1	reife Avocado
1	Tomate
1 EL	Zwiebel
4 EL	Olivenöl
2 EL	Balsamico
4-6	blätterfrischen Basilikum
1 TL	getrockneten Oregano
	Salz und Pfeffer
	Blattsalat

Zubereitung

- Halbieren Sie die Avocado längs und entnehmen Sie den Kern.
- Avocadohälften mit Salz und Pfeffer würzen.
- Tomate und Zwiebeln klein würfeln und in die Hälften geben. Mit Olivenöl und Balsamico auffüllen und die Kräuter darüber streuen.
- Auf Salatblättern anrichten und mit einem Löffel servieren.

1.3. STECKRÜBEN-TOPINAMBUR CARPACCIO

Topinambur (*Helianthus tuberosus*) ist eine Pflanze aus der Familie der Korbblütler (Asteraceae) und zählt zur selben Gattung wie die Sonnenblume (*Helianthus annuus*). Sie ist eine Nutzpflanze, deren Wurzelknolle primär für die Ernährung genutzt wird. Der Geschmack der Topinamburknollen ist süßlich, die Konsistenz wässrig und sie erinnert an Artischockenböden. Die Knolle kann sowohl roh in Salaten als auch in Salzwasser gekocht verzehrt werden. Auch frittiert wie Kartoffeln sind sie zum Essen geeignet. Ebenso kann ein Saft als Getränk zubereitet werden. Unter saurem Milieu kann dieser eingedickt werden und ergibt einen 90%igen Fructosesirup. Der goldgelb bis braune Topinambursirup wird als alternatives Süßungsmittel verkauft. Besonders hervorzuheben ist der Inhaltsstoff Inulin, ein unverdauliches Polysaccharid. Als wasserlöslicher Ballaststoff ist Inulin ein wichtiges Prebiotikum. Der Gehalt an Inulin ist zum Zeitpunkt der Ernte am höchsten und fällt bei der Lagerung ab. Der Gesamtgehalt (auf die Masse bezogen) an Zuckern bleibt dabei konstant.

Zutaten

4	Topinambur
1	Steckrübe
1	den Saft einer Orange
1/2	den Saft einer halben Zitrone
1 Spritzer	Orangenblütenwasser
20	Haselnüsse, grob gehackt
	etwas Olivenöl
	etwas Salz
	Pfeffer, schwarz, aus der Mühle
	einige Blätter Minze

Zubereitung

- Die Wurzelgemüse schälen und in sehr dünnen Scheiben schneiden, dann auf einem Teller anrichten.
- Aus dem Saft und Olivenöl mit einem Pürierstab eine cremige Vinaigrette herstellen.
- Mit Orangenblütenwasser, Salz & Pfeffer abschmecken. Gemüse mit der Vinaigrette beträufeln und mit den Minzblättern und den Haselnüssen garnieren.

1.4. GEMISCHTER SALAT MIT WARMEN CHAMPIGNONS UND HONIG-SENF-VINAIGRETTE

Zutaten

1/2 Kopf	Eisbergsalat
2	Paprikaschoten, rot u. gelb
1 Dose	Mais, gut abgetropft
250 g	Cocktailtomaten, rot u. gelb
500 g	braune Champignons
1	rote Zwiebel
1 TL	Gemüsebrühe
250 ml	Wasser
5 EL	Balsamico-Essig
1 EL	Olivenöl
2 EL	Senf nach Wahl
2 EL	Agavendicksaft
1 Handvoll	Kräuter der Saison
	Salz und bunter Pfeffer
	Öl zum Braten

Zubereitung

- Den Eisbergsalat waschen, abtropfen lassen und in kleine Stücke schneiden.
- Die Paprikaschoten waschen, entkernen und in schmale Streifen schneiden.
- Die Cocktailtomaten waschen und halbieren oder vierteln, die Champignons putzen und in Scheiben schneiden. Die Zwiebel fein würfeln.
- Die Kräuter waschen und vorsichtig trocken tupfen, dann fein hacken und erst einmal zur Seite legen. 250 ml Wasser aufkochen und 1 TL Gemüsebrühe einstreuen.
- Das Öl in einer Pfanne stark erhitzen und die Champignons kurz scharf anbraten, dann die Zwiebeln hinzugeben und kurz mitbraten. Mit Salz und Pfeffer abschmecken. Das Ganze mit der Gemüsebrühe ablöschen und auf kleiner Flamme solange köcheln, bis die Gemüsebrühe vollständig reduziert ist.
- Den Essig, das Öl, den Senf und den Agavendicksaft zu einer Vinaigrette vermischen. Bitte abschmecken! Mit etwas Salz und Pfeffer aus der Mühle würzen.
- Auf 4 tiefen Tellern erst den Eisbergsalat, dann Paprikastreifen, den Mais und die Cocktailtomaten verteilen, als Topping nun die warmen Champignons anrichten. Die Vinaigrette drüber träufeln und zum Schluss alles mit den frischen Kräutern bestreuen.

1.5. BABA GANOUSH

Baba Ghanoush ist ein Püree der arabischen Küche aus Auberginen und Sesampaste, das als Dip oder Beilage z. B. zu Schawarma und Falafel serviert wird.

Zutaten

2	Auberginen, ca. 500g
3 EL	Sesampaste, (Tahin)
3 EL	Zitronensaft
2 EL	Olivenöl
2	Knoblauchzehen
1/2 Bund	glatte Petersilie
1 EL	schwarze Oliven ohne Stein
	Salz und Pfeffer

Tipp: Passt wunderbar zu Fladenbrot.

Zubereitung

- Den Backofen auf 220°C vorheizen, die Auberginen waschen und mit einem spitzen Messer ein paar Mal einstechen.
- Die Auberginen so lange backen, bis sie weich sind und die Haut fast schwarz ist. Anschließend dem Ofen nehmen und etwas abkühlen lassen.
- Die noch lauwarmen Auberginen halbieren und das weiche Fruchtfleisch mit einem Löffel aus der Schale lösen.
- Das Fruchtfleisch zusammen mit der Sesampaste, dem Zitronensaft und dem Olivenöl im Mixer fein mixen.
- Den Knoblauch schälen, durch die Knoblauchpresse drücken und zum Auberginenpüree geben und mit Salz und Pfeffer abschmecken.
- Die Petersilienblätter abzupfen, ebenso wie die Oliven fein hacken und kurz vor dem Servieren auf das Babaganoush streuen.

1.6. LINSEN-TOMATEN-SALAT

Zutaten

150 g	rote Linsen
500 ml	Gemüsebrühe
1	Zitrone, den Saft davon
3 EL	Olivenöl
1	Zwiebel, fein gehackt
1	Knoblauchzehe
4	Tomaten
1 Kästchen	Kresse
	Meersalz und Pfeffer

Zubereitung

- Rote Linsen in der Gemüsebrühe ca. 5 Minuten bissfest kochen. Anschließend abgießen.
- Zitronensaft und Olivenöl verrühren, mit Meersalz und Pfeffer würzen, Knoblauch dazugeben. Tomaten in Spalten schneiden. Die lauwarmen Linsen, die gehackte Zwiebel, die Tomaten sowie die Kresse mit dem Dressing mischen.

 Tipp: Der Salat kann lauwarm oder auch kalt serviert werden.

1.7. ANTIPASTI

Antipasto (italienisch für *vor der Mahlzeit*, Plural *Antipasti*) ist die italienische Bezeichnung für Vorspeise. Die Antipasti der italienischen Küche bestehen aus kleinen Gerichten als Auftakt eines mehrgängigen Menüs. Typisch sind luftgetrockneter Aufschnitt wie Schinken oder Salami, begleitet von gebratenem, in Olivenöl eingelegtem Gemüse wie Auberginen, Zucchini, Paprika, Pilzen oder frischem Gemüse oder Obst, marinierte Fische und Meeresfrüchte sowie pikant belegte, geröstete Brotscheiben.

Zutaten

3	große rote Paprikaschoten
40 g	Toastbrot
2 TL	Essig (Weißweinessig)
1	Knoblauchzehe
1 Bundglatte	Petersilie
25 g	entkernte grüne Oliven
10 EL	Olivenöl
3 kleine	Zucchini
1	Aubergine
3 EL	Basilikum, fein gehackt
	Zitronensaft
	Balsamico

Tipp: Mit Baquette servieren.

Zubereitung

- Die Paprikaschoten vierteln und entkernen. Mit der Haut nach oben auf dem Rost im Ofen bei 220° ca. 20 - 25 Minuten backen, bis die Haut Blasen wirft. Anschließend herausnehmen und etwas abkühlen lassen und danach häuten.
- Toastbrot würfeln, mit Essig und 1 EL Zitronensaft beträufeln.
- Knoblauch abziehen, Petersilienblätter waschen und trocken tupfen.
- Toastbrot, Knoblauch und Petersilie, die Oliven und 1 EL Olivenöl im Mixer pürieren, mit Salz und Pfeffer abschmecken. Die Paprikaviertel mit der Paste bestreichen und einrollen.
- Auberginen und Zucchini waschen, die Auberginen quer, die Zucchini längs in Scheiben schneiden. Die Scheiben portionsweise in einer Pfanne in 1-2 EL Olivenöl von beiden Seiten braun braten. Mit Salz, Pfeffer, Balsamico und Basilikum würzen.

1.8. SCHARFER KAROTTENSALAT MIT KRÄUTERN

Zutaten

750 g	Karotten
1	große Zwiebel
5 Zehen	Knoblauch
6 EL	Olivenöl
4	Zitronen, davon der Saft
1	Chilischote
6 Zweige	Basilikum
6 Zweige	glatte Petersilie
1 TL	geräuchertes Paprikapulver
	Meersalz, schwarzer Pfeffer

Tipp: *Das fertige Gericht auf keinen Fall im Kühlschrank lagern, sondern an einem kühlen Ort. Sonst verliert es an Aroma.*

Zubereitung

- Die Karotten schälen und in max. 1mm dünne Scheiben hobeln. Zwiebel und Knoblauch schälen und fein würfeln.
- 3 Zitronen (die 4. Zitrone benötigen Sie später) auspressen und 100 ml Wasser vorbereiten.
- Die Zwiebel würfeln und in 3 EL Olivenöl andünsten. Den Knoblauch und die Karotten zugeben. Ganz kurz anbraten, dabei umrühren. Mit dem Wasser und dem Zitronensaft aufgießen und bei kleiner Hitze 10 Minuten schmoren lassen. Öfters umrühren.
- Nun die die Chili entkernen und fein würfeln. Petersilie und Basilikum klein hacken.
- Die vierte Zitrone auspressen. Salz, Pfeffer, Zucker und geräucherter Paprika in den Zitronensaft geben und verrühren. Die restlichen 3 EL Olivenöl unterrühren.
- Die Karotten sind nun gar, jedoch sollten sie noch bissfest sein. Nach dem Garen die Karotten in eine Schüssel geben, die gehackte Chili und die Kräuter untermischen.
- Mit der Vinaigrette vermischen. Eventuell noch mit den Gewürzen abschmecken. Es sollte säuerlich-scharf schmecken.
- Mindestens 2 Stunden durchziehen lassen.

1.9. TOMATEN - OLIVEN RELISH

Zutaten

100 g	rote Zwiebeln
350 g	Tomaten
20 g	brauner Zucker
80 ml	weißer Balsamico
80 g	entkernte Kalamata Oliven
50 g	Zuckerschoten
	Schwarzer Pfeffer
	Meersalz (grob)
	Paprikapulver

Zubereitung

- Schneiden Sie sie Zwiebeln und Tomaten in 1/2 cm große Würfel.
- Die Zuckerschoten der Länge nach in feine Streifen schneiden.
- Die Kalamata Oliven längs halbieren und den Stein entfernen.
- Erhitzen Sie einen Topf mit Olivenöl und schwitzen Sie die Zwiebeln mit den Zuckerschoten kurz und kräftig an. Nun die Tomaten dazu geben. Mit dem Balsamico ablöschen.
- Die Oliven dazu geben und mit dem Zucker, Pfeffer, Meersalz und etwas Paprikapulver abschmecken.

1.10. SCHARFE MELONENSPIEẞE

Zutaten

1/2	Honigmelone
1/4	Wassermelone
1 EL	gehackten Oregano
1/2 TL	Chiliflocken
1 TL	gemahlener (Cumin) Kreuzkümmel
1/2 TL	geha ckte Fenchelsamen
1/2 TL	braunen Zucker
1/2 TL	Salz
1 TL	Abrieb einer Orange

Zubereitung

- Entkernen und schälen Sie die Melone und schneiden Sie sie in große Würfel.
- Die Würfel abwechselnd auf Spieße stecken. Sie können auch, um etwas Farbe ins Spiel zu bringen, zusammen mit der Wassermelone verschiedenfarbige Honigmelonen verwenden.
- Den Oregano und die Orangenzesten (Abrieb der Orange) fein hacken und mit den Gewürzen mischen. Die Melonenspieße damit bestreuen.

1.11. SUSHI MIT TOFU

Zutaten

300 g	Tofu
200 g	gewürzten Tofu
200 g	Reis (Arborio)
100 g	eingelegte Bambussprossen
400 ml	Wasser
200 ml	Reisessig
10 Stück	Noriblätter
4 EL	Sojasauce
4 EL	Sonnenblumen

Zubereitung

- Tofu in längliche Scheiben schneiden und in einer Pfanne mit Öl und Sojasoße anbraten. Anschließend abkühlen lassen.
- Den gewürzten Tofu in der gleichen Pfanne kurz erhitzen.
- Reis mit dem Wasser so lange köcheln lassen, bis das Wasser aufgesogen ist. Dies dauert ungefähr 15 Minuten.
- Reis auf die Algen streichen, so dass jeweils ca. 3/4 des Blattes bedeckt ist.
- Tofu und Bambussprossen hineinlegen. Algenblätter mit Hilfe einer Matte oder eines Küchentuches einrollen. Das letzte Viertel mit Reisessig bestreichen und damit die Rolle fest kleben.
- Jede dieser Rollen in jeweils 5 Stücke schneiden.

1.12. GEBRATENE PAPRIKASCHOTEN

Zutaten

4	gelbe Spitzpaprika
	Öl, zum Braten
	Salz
	Essig

Zubereitung

- Waschen Sie die ganzen Paprikaschoten. Und weil's so schön ist, nun wieder trocken tupfen.
- Erhitzen Sie nun das Öl in einer hohen Pfanne und legen die Paprikaschoten hinein, mit Salz bestreuen und auf allen Seiten leicht anbraten. Decken Sie die Pfanne zu und schmoren sie die Paprikaschoten gar. Öfters wenden.
- Anschließend in einer Schüssel anrichten, etwas vom Bratöl dazugeben und mit Essig je nach Geschmack würzen.

Tipp: Auch als Beilage geeignet.

1.13. ROTE BETE GEBRATEN MIT WALNÜSSEN UND SALAT

Zutaten

500 große	rohe Rote Bete
4 EL	Sonnenblumen
4 EL	Balsamico
100 g	Feldsalat
1 EL	Walnussöl
50 g	Walnüsse
	Salz und Pfeffer, frisch gemahlen

Zubereitung

- Schälen Sie bitte die rote Bete und schneiden Sie diese in 1/2 cm dünne Scheiben.
- Das Sonnenblumenöl in einer Pfanne geringfügig erhitzen und die Rote-Bete-Scheiben darin einige Minuten braten, dabei einmal wenden.
- Die Scheiben auf Küchenpapier abtupfen, in eine Schüssel schichten und jede Lage mit etwas Salz, Pfeffer und Balsamico würzen.
- Alles nun einige Stunden im Kühlschrank ziehen lassen.

Anrichten:

- Den grünen Salat waschen und trocknen.
- Die Rote-Bete-Scheiben in einem Sieb abtropfen, dabei die Flüssigkeit auffangen.
- Die Salatblätter und die Rote Bete auf Teller verteilen. Die aufgefangene Flüssigkeit er Rote Bete mit dem Walnussöl vermischen, nachwürzen und Salat und Rote Bete damit beträufeln. Walnusskerne grob hacken und darüber streuen.

1.14. MARINIERTER SPARGEL - ERDBEER - SALAT

Zutaten

250 g	weißer Spargel
250 g	grüner Spargel
250 g	Erdbeeren
1 Kopf	Salatherzen
30 g	Pinienkerne
1 Kästchen	Kresse
2 EL	weißer Balsamico
1 EL	Sherryessig
3 EL	Raps- oder Distelöl
1 EL	Walnuss- oder Pinienkernöl
1 EL	Puderzucker
	Salz und Pfeffer, gemahlen
	etwas Gemüsebrühe

Zubereitung

- Schälen und waschen Sie den Spargel.
- Den Spargel schräg in mundgerechte Stücke schneiden. Anschließend den weißen Spargel 12-15 Minuten in Salzwasser bissfest garen.
- Den Puderzucker in einer Pfanne leicht karamellisieren, dann die grünen Spargelstücke darin schwenken und mit ein wenig Gemüsebrühe aufgießen.
- 5 Minuten bissfest garen. Beide Sorten gut abtropfen lassen.
- Mit dem Sherryessig, Balsamico, Raps- oder Distelöl, Walnuss- oder Pinienkernöl, Salz und Pfeffer ein Dressing anrühren und die erste Hälfte Kresse dazu geben. Den Spargel in die Sauce geben und marinieren lassen.
- Waschen und trocknen Sie nun den Salat und Teller damit auslegen.
- Die Erdbeeren putzen, halbieren und auf dem Salat verteilen.
- Die Pinienkerne in einer Pfanne ohne Fett anrösten. Vorsicht: Ab einen gewissen Moment, verbrennen sie sehr schnell. Die Pinienkerne somit immer beobachten und rühren.
- Den Spargel auf dem Salat verteilen, das restliche Dressing auch auf den Salat und Erdbeeren träufeln und alles mit der zweiten Hälfte Kresse und den Pinienkernen bestreuen.

1.15. AVOCADO - TATAR

Zutaten

2 EL	Zitronensaft
1 TL	Olivenöl
1	rote Zwiebel
20 g	frischer Ingwer
1	reife Avocado
2 EL	Wasser
1 EL	Koriandergrün
	Salz, Pfeffer und Zucker

Zubereitung

- Zitronensaft, Wasser und 1-2 TL Olivenöl verquirlen.
- Die Zwiebel und den Ingwer fein würfeln und unter die Marinade mischen. Mit Salz, Pfeffer und Zucker abschmecken.
- Schälen und halbieren Sie die Avocado, den Stein entfernen und das Fruchtfleisch klein würfeln. Vorsichtig unter das Dressing heben und abschmecken.
- 1 EL gehacktes Koriandergrün darüber streuen.

 *Tipp: Dazu passt frisches Baguette oder Pumpernickel.*

1.16. ZUCCHINI - TOMATEN - GEMÜSE

Zutaten

1	Knoblauchzehe
3 EL	Olivenöl
600 g	Zucchini
3	Tomaten
1 EL	Tomatenmark bei Bedarf
5 Blätter	Basilikum
	Salz und Pfeffer
	getrockneter Oregano

Zubereitung

- Waschen Sie die Zucchini und schneiden Sie diese in ca. 1 cm große Würfel. Die Zucchiniwürfel in heißem Olivenöl leicht anbraten.
- Die Tomaten kreuzweise einritzen und mit sehr heißem Wasser übergießen. Kurz stehen lassen, anschließend häuten und würfeln.
- Die Knoblauchzehe schälen, pressen und zu den Zucchini geben. Die Tomatenwürfel dazugeben.
- Mit Salz, Pfeffer, Oregano würzen und 5-8 Minuten dünsten. Eventuell noch etwas Tomatenmark hinzufügen und mit Basilikumblätter nach Bedarf bestreut servieren.

1.17. FALAFEL

Falafel sind frittierte Bällchen aus pürierten Bohnen oder Kichererbsen, Kräutern und Gewürzen, die vor allem als Imbiss beliebt sind. Das Gericht stammt aus der arabischen Küche.

Zutaten

200 g	getrocknete Kichererbsen
1 Scheibe	Toastbrot
1	Zwiebel
4	Knoblauchzehen
1/2 Bund	Petersilie
2 TL	gemahlener Koriander
2 TL	gemahlener Kreuzkümmel
1 TL	Backpulver
1 Liter	Öl zum Frittieren
1	Zitrone
2 EL	Mehl
	Salz und Pfeffer

Tipp: Die Zitrone in Scheiben schneiden und die heißen Falafel damit servieren. Fertig!

Zubereitung

- Kichererbsen in einer Schüssel mit kaltem Wasser bedecken und 12 Stunden quellen lassen.
- Anschließend abtropfen lassen. Das Toastbrot zerkrümeln.
- Zwiebel und Knoblauch schälen und grob zerkleinern.
- Petersilie waschen und die Blätter abzupfen.
- Brot, Zwiebel, Knoblauch, Petersilie und Kichererbsen im Mixer fein zerkleinern.
- Das Püree mit Koriander, Kreuzkümmel, Pfeffer und Salz abschmecken und mit dem Mehl und Backpulver verkneten.
- Aus dem Teig walnussgroße Bällchen formen.
- Erhitzen Sie das Öl zum Frittieren. Tipp: Es ist heiß genug, wenn an einem hölzernen Kochlöffelstiel, den man ins Fett hält, viele Bläschen aufsteigen.
- Die Falafel darin portionsweise in 4-5 Minuten goldbraun frittieren.
- Jeweils auf einer dicken Lage Küchenpapier abtropfen lassen.

1.18. KÜRBIS - SALAT

Zutaten

400 g	Kürbis (z.B. Hokkaido, Muskatkürbis)
4	Gewürzgurken
3	Tomaten
3 EL	Kräuteressig
4 EL	Öl
1	Zwiebel
	Salz, Zucker
	Schnittlauch

Zubereitung

- Schälen Sie den Kürbis und raspeln Sie ihn in feine Streifen.
- Die Gewürzgurken, die Zwiebel und die Tomaten in kleine Würfel schneiden und alles in eine Schüssel geben.
- Aus Essig, Öl, Salz und Zucker eine Sauce bereiten und über den Salat geben.
- Schnittlauch hacken und darüber streuen. Alles gut durchmischen und mindestens 6-8 Stunden an einem kühlen Ort gut durchziehen lassen.

1.19. MÖHREN - APFEL - SALAT MIT ORANGENDRESSING UND WALNÜSSE

Zutaten

500 g	Möhren
1	großer roter Apfel
4 EL	Walnüsse

Für das Dressing:

5 EL	Öl
3 EL	Essig
1	Orange
1 cm	frischen Ingwer
	etwas Salz und Pfeffer

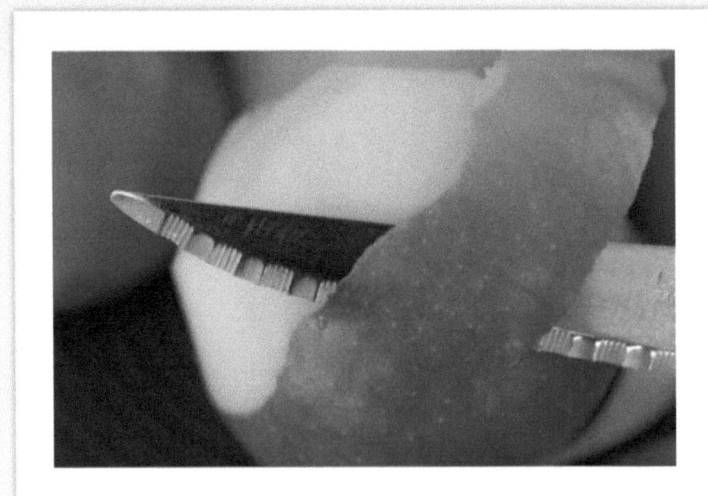

Zubereitung

- Für das Dressing die Orange in einer großen Schüssel auspressen. Ingwer reiben und dazu geben.
- Öl, Essig, Salz und Pfeffer dazu geben und alles gut verrühren.
- Schälen Sie die Möhren
- Waschen, schälen und entkernen Sie den Apfel.
- Möhren und Apfel direkt in eine Schüssel reiben. Alles miteinander mischen und 30 Minuten im Kühlschrank ziehen lassen.
- Walnüsse grob hacken und beim Servieren über den Salat streuen.

1.20. KAROTTENSALAT MIT ERDNÜSSEN

Zutaten

4	Karotten
1 Dose	Erdnüsse, gesalzen & geröstet
5 EL	Mango-Balsam-Essig
2 EL	Erdnussöl

Zubereitung

- Karotten schälen und fein reiben. Die Erdnüsse zufügen.
- Da die Erdnüsse bereits salzig sind, mit Salz und Pfeffer vorsichtig abschmecken.
- Den Essig und das Öl unterheben.

1.21. BRUSCHETTA

Bruschetta gehört zu den italienischen Antipasti. Das ursprüngliche „Arme-Leute-Essen" stammt aus Mittel- und Süditalien. Frisch geröstetes Brot, wie etwa *Pane Pugliese* (mit harter Kruste), wird noch warm mit einer halbierten Knoblauchzehe eingerieben und anschließend mit Olivenöl beträufelt, nach Belieben gepfeffert und gesalzen und sofort verzehrt. Häufig anzutreffen ist zum Beispiel ein Belag mit gehackten Tomaten und frischem Basilikum.

Zutaten

4	Frühlingszwiebeln bzw. Lauchzwiebeln
2	Knoblauchzehen
1 Topf	frischer Oregano
1 Topf	frischen Basilikum
3 TL	Pflanzenöl
8	Tomaten
1 Stange	Baguette

Zubereitung

- Die Tomaten einschneiden und kurz Zeit in kochendes Wasser legen, anschließend die Haut abziehen.
- Nachdem Sie die Haut abgezogen haben, werden die Tomaten entkernt und in kleine Stückchen geschnitten.
- Die Blätter vom Basilikum- und Oreganostrauch abzupfen und klein hacken.
- Lauchzwiebeln und den Knoblauch klein schneiden.
- Alles in eine Schale geben und das Öl hinzufügen.
- Mit Salz abschmecken.
- Das Baguette in Scheiben schneiden und in der Pfanne mit Öl knusprig anbraten.
- Belegen Sie es gleich danach mit dem Salat. Sofort servieren.

1.22. RUCOLA-MÖHREN-MANGO-SALAT

Zutaten

125 g	Rucola
2	Möhren
3/4	reife Mangos
evtl.	Pinienkerne
3 EL	Olivenöl
3 EL	hellen Balsamico
	etwas Muskat
	Salz und Pfeffer
	Salatkräuter, gefriergetrocknet oder frisch

Zubereitung

- Rucola in kaltem Wasser vorsichtig waschen und mit einer Salatschleuder trocken schleudern.
- Die Möhren so fein wie möglich reiben.
- Das Mangofleisch klein würfeln
- Rucola, Möhren und Mango in eine Schüssel geben.
- Aus Öl, Essig, den Gewürzen und Kräutern ein Dressing rühren, über den bunten Salat geben und gut vermengen. Nach Belieben Pinienkerne in einer Pfanne leicht anrösten und vor dem Servieren über den Salat geben. Vorsicht: Ab einen gewissen Moment, verbrennen sie sehr schnell. Die Pinienkerne somit immer beobachten und rühren.

1.23. TABULÉ

Taboulé ist ein Salat aus der libanesischen Küche. Er wird als Vorspeise oder Zwischenmahlzeit serviert, bisweilen kommt er als Beilage auf den Tisch und kann auch als Hauptspeise angeboten werden. Im deutschen Sprachraum wird er als Bulgursalat bezeichnet. Die türkische Variante nennt sich Kısır (Kisir).

Zutaten

200 g	feinkörniger Bulgur
6	Tomaten
1	Salatgurke
4	Frühlingszwiebeln
1 Handvoll	frischgehackte Petersilie
1 Handvoll	frischgehackte Pfefferminze
1	Zitronen
2 EL	Olivenöl
	Salz und Pfeffer

Zubereitung

- Die Tomaten mit kochendem Wasser übergießen, häuten und in kleine Würfel schneiden.
- Gurke schälen, entkernen, in kleine Würfel schneiden.
- Die Frühlingszwiebel in dünne Scheiben schneiden.
- Das obige bearbeitete Gemüse mit der Petersilie und der Minze vermischen.
- Zitronensaft und Olivenöl dazugeben.
- Alles vermischen und mit Salz und Pfeffer abschmecken.
- Den Bulgur untermischen.
- Vier Stunden kühl stellen und ziehen lassen. Zwischendurch 2-3 Mal gut umrühren.

1.24. PIKANT EINGELEGTE GETROCKNETE TOMATEN

Zutaten

400 g	getrocknete Tomate ohne Öl
1 Bund	Basilikum
1 Bund	Petersilie
2 EL	Kapern in Salzlake
1 EL geh	edelsüßes Paprikapulver
1 TL	scharfes Chilipulver
1 TL	gehäuft Kurkuma
2	Knoblauchzehen
1 Schuss	Essig
200 ml	Olivenöl
	Schraub- oder Einmachgläser

Tipp: *Das Öl eignet sich erstklassig für Salatdressings.*

Zubereitung

- Kosten Sie erst die Tomaten. Sollten sie bereits sehr salzig sein, dann bitte die Tomaten 20 - 30 Minuten bei Zimmertemperatur in Wasser legen und gut abspülen.

- Geben Sie die Tomaten nun in einen Kochtopf, bedecken sie diese knapp mit Wasser und geben einen Schuss Essig dazu. Zum Kochen bringen und zwei Minuten kochen lassen. In ein Sieb schütten und gut abtropfen lassen.

- Die Basilikumblätter von den Stielen zupfen und die Petersilie fein hacken.

- Die Kapern abtropfen lassen und grob hacken.

- Die Knoblauchzehen schälen und in hauchdünne Scheiben schneiden.

- Tomaten, Kräuter, Kapern und Knoblauch in eine Schüssel geben und zusammen mit dem Paprika-, Chili- und Kurkumapulver gut durchmischen.

- Die Tomaten flach in Gläser legen und leicht zusammendrücken. Mit Olivenöl auffüllen, so dass die Tomaten bedeckt sind. Gläser zuschrauben.

- Ca. eine Woche durchziehen lassen. Fertig!

1.25. ERBSENSALAT MIT AVOCADO UND MINZE

Zutaten

500 g	frische Erbsen
1	Avocado
5 Blätter	frische Minze
1	Spritzer frischen Zitronensaft
	Salz und Pfeffer
	Olivenöl

Zubereitung

- Die Erbsen bissfest dämpfen oder dünsten. Anschließend abkühlen lassen.
- Avocado schälen und in Würfel schneiden.
- Erbsen und Avocado in eine Schüssel geben.
- Pfeffer, Salz, Olivenöl, Zitronensaft und fein gehackte Minze dazugeben und vorsichtig mischen.

1.26. AVOCADO - SALSA AN PELLKARTOFFELN

Zutaten

8	fest kochende Kartoffeln
2	reife Avocados
1	Saft einer Zitrone
1	Schalotte
1/2	grüne Chilischote oder etwas Cayennepfeffer
1	reife Tomate
2 Zweige	Koriandergrün
	Glatte Petersilie
	etwas Schnittlauch
	Salz und Pfeffer
	Salzwasser

Zubereitung

- Die Kartoffeln in Salzwasser kochen. Je nach Geschmack, kann die Schale an den Kartoffeln bleiben oder auch nicht.
- Die Avocados schälen und mit einer Gabel anschließend zerdrücken.
- Die Schalotte und die Tomate in kleine Würfel schneiden. Die Chili und die Kräuter ebenfalls klein schneiden.
- Alles miteinander vermischen und mit Salz, Pfeffer und dem Saft einer Zitrone abschmecken. Als Dip zu den Kartoffeln reichen.

Tipp: Die Avocadosalsa schmeckt auch als Brotaufstrich.

1.27. GEBACKENER TOFU

Zutaten

250 g	japanischer Tofu
100 g	Weizenmehl
2 EL	Öl
100 g	Daikon Rettich (Japanischer Rettich)
1 Stück	frischer Ingwer
	japanische Sojasauce

Zubereitung

- Tauchen Sie den Tofu kurz in kaltes Wasser.
- Abtropfen lassen, gründlich abrupfen und vorsichtig in 8 gleich große Würfel schneiden.
- Tofustücke in Mehl wenden und in heißem Öl in einer Pfanne von jeder Seite etwa 1 Minute bei mittlerer Hitze goldbraun backen.
- Rettich und Ingwer schälen und jeweils separat fein reiben. Rettich auspressen und mit der Hand daraus vier gleich große Portionen formen.
- Jeweils 2 Stück Tofu auf einem Teller anrichten. Daneben jeweils eine Portion Rettich setzen und oben mit Ingwer verzieren. Dazu ein Schälchen japanische Sojasauce.

1.28. MEDITERRANE ZUCCHINI

Zutaten

1	mittelgroße Zucchini
2	Knoblauchzehen
1	Zitrone
	Salz und Pfeffer
	Paprikapulver, edelsüß
	Olivenöl
	eventuell Tiefkühl-Kräuter (8 Kräuter)

Zubereitung

- Schneiden Sie die Zucchini in dicke Scheiben und in legen Sie diese in eine Schale.
- Die Zitrone auspressen und über die Zucchini gießen. Die Knoblauchzehen schälen und pressen oder in kleine Würfel schneiden und mit etwas Olivenöl untermengen. Mit Salz, Pfeffer und Paprikapulver würzen.
- Je nach Belieben Kräuter dazugeben. Gut durchmischen und etwa 1 Stunde ziehen lassen.
- Die Zucchinischeiben auf dem Grill oder in der Pfanne braten.

1.29. ITALIENISCHER GURKENSALAT

Zutaten

1	Salatgurke
2 große	Fleischtomaten
2	Frühlingszwiebeln
1	Basilikumstrauch
	Pfeffer & Salz
	Öl

Zubereitung

- Schälen Sie die Salatgurke, schneiden Sie diese in dünne Scheiben, dann mit Salz bestreuen und ca. eine halbe Stunde ziehen lassen.
- Die Flüssigkeit von der Gurke abgießen. Gurke auf einer Platte auslegen.
- Tomaten achteln und um die Gurkenscheiben legen.
- Dünne Zwiebelscheiben darüber legen.
- Die Tomaten mit Pfeffer und Salz würzen. Über das Ganze Öl gießen und das gehackte Basilikum darüber streuen.

1.30. GEBRATENER KNOBLAUCH - FENCHEL

Zutaten

1 Knolle	Fenchel
1 EL	Olivenöl
1	Knoblauchzehe
	Salz und Pfeffer

Tipp: Schmeckt heiß, lauwarm, kalt und als Vorspeise aber auch zu Nudeln.

Zubereitung

- Putzen Sie die Fenchelknolle. Halbieren Sie die Fenchelknolle schneiden Sie diese in feine Streifen. Das Fenchelgrün zur Seite legen.
- Fenchelstreifen in heißem Olivenöl mit der durchgedrückten Knoblauchzehe braten. Mit Salz und Pfeffer würzen und mit dem gehackten Blattgrün servieren.
-

1.31. KARTOFFELSALAT MIT ÄPFELN UND LINSEN

Zutaten

600 ml	Gemüsebrühe
1 kg	Kartoffel
150 g	Linsen
2	Äpfel
1 Bund	Lauchzwiebel
8 EL	neutrales Öl
4 EL	Apfelessig
1 TL	Zucker
	Salz und Pfeffer

Zubereitung

- Die Hälfte der Gemüsebrühe aufkochen und die Linsen dazugeben. Bei niedriger Hitze 25-30 Minuten kochen lassen.
- Die Kartoffeln schälen und in Scheiben schneiden, anschließend in Salzwasser kochen.
- Die Linsen nun durch ein Sieb abgießen.
- Die Frühlingszwiebeln putzen, in dünne Ringe schneiden und in heißem Öl glasig dünsten.
- Den Rest der Brühe hinzugeben und aufkochen, dann den Essig unterrühren. Aufkochen und vom Herd nehmen.
- Die Kartoffelscheiben hineingeben und die Linsen untermischen. Nun 30 Minuten ziehen lassen.
- Den Apfel ungeschält in dünne Scheiben schneiden und sofort mit den Kartoffeln und den Linsen mischen und mit Salz und Pfeffer abschmecken.

1.32. MERCIMEK-KÖFTESI

Mercimek Köftesi stammt aus der Türkei und ist eine Vorspeise aus Linsen (*Mercimek*) in der Form von länglichen Bällchen, die auf einem Salatblatt serviert und kurz vor dem Verzehr mit Zitronensaft beträufelt werden.

Zutaten

1 Glas	extra feines Bulgar
1/2 Glas	rote Linsen
2	Zwiebeln
4	Lauchzwiebeln
2 Handvoll	glatte Petersilie
5 EL	Olivenöl
2 EL	edelsüßes Paprikapulver
1 TL	schwarzen Pfeffer
3 TL	Salz
2 EL	Tomaten- o. Paprikamark
1 TL	Korianderpulver
1 EL	frische Minze
	etwas Zitronensaft

Zubereitung

- Kochen Sie die Linsen ca. 30 Minuten in einem sehr großen Topf. Achten Sie dabei, dass das Wasser immer 2 Fingerbreit über den Linsen steht.
- Nun gibt man den Bulgur dazu und vermischt beides sehr gut. Deckel drauf und Minuten 15 Minuten ruhen lassen.
- In der Zwischenzeit die Zwiebeln klein schneiden und in einer Pfanne etwas karamellisieren lassen.
- Lauchzwiebeln und Petersilie auch klein schneiden und erst mal zur Seite stellen.
- In einer kleinen Schüssel das Öl mit dem Tomatenmark und den Gewürzen gut verrühren. Diese Mischung in die Linsen-Bulgur Masse gut einkneten.
- Solange mit den Händen kneten, bis eine gleichmäßige Masse entsteht.
- Zuletzt die Zwiebeln, Lauchzwiebeln und Petersilie unterarbeiten.
- Golfballgroße Kugeln formen und am besten auf Salatblätter dekorieren.

1.33. BUCHWEIZEN - MÖHREN - BRATLINGE

Zutaten

170 g	Buchweizen
2 Tassen	Wasser
300 g	Möhren
200 g	Tofu, naturell
2 cl	Tamari Sojasauce
2 TL	Chilipulver
5 Körner	gemahlenen Pfeffer
150 g	gemahlenen Buchweizen
4 cl	Tamari Sojasauce
	Olivenöl zum Braten

Zubereitung

- Buchweizen waschen. Diesen dann in 2 Tassen kochendes Wasser geben und aufkochen lassen. Kurz nach dem aufkochen Hitze niedriger stellen.
- Wenn das Wasser unterhalb der Buchweizenoberfläche ist, die Hitze ausstellen. Den Deckel auflegen und den Buchweizen 10-15 Minuten ausquellen lassen. Er wird nun trocken und körnig.
- Die Möhren fein raspeln. Den Tofu in kleine Stücke schneiden, mit 2 TL Chilipulver bestreuen und mit 2 cl Tamari für ca. 20 Minuten ruhen lassen.
- 20 Minuten vorüber!? Nun pürieren.
- Alle Zutaten (bis auf das Olivenöl) miteinander vermengen, zu einem Braten formen, eventuell noch ein wenig Tamari darüber streichen und für ca. 10 Minuten stehen lassen.
- Mit nassen Händen kleine Bratlinge formen und in Öl bei mittlerer Hitze von beiden Seiten braten.

1.34. FRUCHTIGER BOHNENSALAT MIT THYMIAN

Zutaten

1 Dose	weiße Bohnen
1	Apfel
1	Orange
1 m. große	rote Zwiebel
2 EL	frischen oder gehackten Thymian
4 EL	Keimöl oder Sonnenblumenöl
1 1/2 EL	Weißweinessig
3 TL	Senf
	etwas Salz und Pfeffer

Zubereitung

- Die weißen Bohnen mit lauwarmem Wasser waschen, abtropfen lassen und in eine Salatschüssel geben.
- Den Apfel klein schneiden, die Orange filetieren und klein schneiden.
- Die rote Zwiebel in Würfel schneiden und alles zusammen mit dem Thymian in die Salatschüssel geben und vermischen.
- Die Salatsoße in einer separaten Schüssel anrühren.
- Mit einem Schneebesen Öl, Essig, Senf, Salz und Pfeffer zu einer glatten Soße verrühren und anschließend über den Salat gießen. Gut umrühren und danach 1 Stunde ziehen lassen.

1.35. KARTOFFELSALAT

Zutaten

3	Kartoffeln (etwa 350 g)
1/2 Tasse	Gemüsebrühe
1	kleine Zwiebel
1/2 EL	Margarine
4 EL	Essig
1/3 T	Sojamilch oder Gemüsebrühe
1-2 TL	Kümmel
	Petersilie oder Schnittlauch (optional)
	Pfeffer und Salz

Zubereitung

- Kartoffel mit der Schale kochen.
- Kartoffeln schälen und in sehr dünne Scheiben schneiden.
- Sojamilch (oder Gemüsebrühe) und Essig mischen und mit dem Kümmel über die Kartoffeln geben.
- Zwiebel schälen, fein würfeln, mit der Margarine glasig dünsten.
- Mit der Gemüsebrühe ablöschen, über die Kartoffeln geben, vorsichtig unterheben.
- Mit Salz und Pfeffer abschmecken.
- Abkühlen lassen, im Kühlschrank mindestens eine Stunde ziehen lassen.
- Je nach persönlichen Geschmack Petersilie oder Schnittlauchröllchen darüber geben.

1.36. AVOCADO RELISH

Die Avocadofrucht, eigentlich eine Beere, ist birnenförmig bis oval, je nach Art ist ihre ledrige Außenschale mittel- bis dunkelgrün (was ihr den Namen *Alligatorbirne* eingebracht hat); im Inneren befindet sich ein Kern, der etwa golfballgroß wird. Das Fruchtfleisch ist grüngelb bis goldgelb und oxidiert zu einer dunklen Farbe, sobald es der Luft ausgesetzt ist – dies kann durch schnelle Zugabe von Antioxidantien wie der in Zitronensaft enthaltenen Ascorbinsäure verhindert werden. Bestimmte Sorten werden auch zu medizinischen Zwecken verwendet (zum Beispiel als Bakterizid und gegen Durchfallerkrankungen, oder zur kontrollierten Gewichtszunahme durch den hohen Fettgehalt von ca. 25 %).

Zutaten

2	reife Avocados
1	unbehandelte Zitrone oder Limette
1	Knoblauchzehe
150 g	Cocktailtomaten
2 EL	Olivenöl
1/2 Bund	glatte Petersilie oder Koriander
	Meersalz und schwarzen Pfeffer

Zubereitung

- Die Zitronenschale in eine kleine Schüssel reiben.
- Den Knoblauch schälen, pressen und zur Zitronenschale geben.
- Die Zitrone pressen und den Saft der Zitrone hinzufügen.
- Die Petersilie in feine Streifen hacken und ebenfalls hinzufügen.
- Die Avocados schälen, in kleine Würfel schneiden und hinzufügen.
- Die Tomaten in etwa gleich große Würfel schneiden und dazugeben.
- Etwas Olivenöl darüber träufeln, alles gut vermischen und mit Meersalz und Pfeffer abschmecken.
- Etwas ziehen lassen. Fertig!

1.37. LIBANESISCHE SPINAT - TEILCHEN

Zutaten

Für den Teig:

500 g	Mehl
250 ml	lauwarmes Wasser
100 ml	Öl
1 TL	Zucker
1 TL	Salz
1/2 Würfel	frische Hefe
1 Pck	Trockenhefe

Für die Füllung:

500 g	Spinat
2 m. große	Zwiebeln
50 ml	Öl
1/2 TL	Sumach
	Zitronensaft
	Salz und Pfeffer

Tipp: Sie können die Teilchen kalt essen oder Sie frieren sie auf Vorrat ein.

Zubereitung

- Geben Sie alle Zutaten für den Teig in eine Schüssel.
- Kneten Sie den Teig bis er schön geschmeidig wird. Geben Sie etwas Öl auf die Oberfläche des Teiges.
- Bedecken sie den Teig mit Frischhaltefolie und 1-2 dicken Handtüchern und stellen Sie den Teig für ca. 25 Minuten zur Seite.
- Bereiten Sie zwischendurch die Füllung vor, indem sie den frischen Spinat waschen und klein schneiden.
- Die Zwiebeln ebenfalls klein schneiden und zum Spinat geben.
- Streuen Sie Salz über den Spinat und kneten sie den Spinat mit den Zwiebeln so lange, bis ein Saft entsteht.
- Schütten Sie den Saft weg. Dann schmecken Sie mit Zitronensaft, Öl, Pfeffer, Salz und Sumach ab und kneten noch etwas weiter.
- Wenn Sie keinen Sumach haben, geht es auch ohne.
- Rollen sie den Teig aus und stechen Sie Kreise aus, ungefähr so groß wie eine Untertasse.
- Legen Sie die Spinatfüllung in die Mitte jedes Teiges und drücken Sie diese etwas an. Den Rand jeden Kreises an 3 Punkten in gleichem Abstand zwischen Daumen und Zeigefinger fassen und zusammendrücken, sodass eine Art Dreieck entsteht, und ein kleiner Rand gebildet wird, aus dem die Füllung nicht auslaufen kann.
- Legen Sie die Teilchen auf ein mit Backpapier belegtes Blech und backen sie im vorgeheizten Ofen bei 200°C 20-25 Minuten, bis sie goldbraun geworden sind.

1.38. RADIESCHENSALAT

Zutaten

3 Bund	Radieschen
1/2 EL	Salz
1 EL	Zucker
4 EL	Balsamico
1 EL	Sesamöl
1 EL	Olivenöl
1 EL	neutrales Öl
1/2 EL	Sojasauce
2	Frühlingszwiebeln
	Pfeffer aus der Mühle

Zubereitung

- Die Radieschen waschen und gut abtrocknen.
- Ca. 3 EL der zarten Innenblätter zurückbehalten, nochmals waschen und gut trockentupfen.
- Die Radieschen mit einem flachen Gegenstand leicht zerdrücken. Wenn die Radieschen zu dick sind, schneiden Sie sie vorher leicht an.
- Die Radieschen mit Salz und Zucker bestreuen und in einer Schüssel gut vermischen. 30 Minuten marinieren lassen und anschließend abtropfen.
- 4 EL des Saftes auffangen. Diesen Saft mit Balsamico, Sojasauce, allen Ölsorten und Pfeffer vermischen.
- Die Radieschen in der Vinaigrette mindestens 5 Minuten ziehen lassen. Inzwischen das Radieschengrün fein hacken sowie die Frühlingszwiebeln in Ringe schneiden. Beides unter die Radieschen mischen und servieren.

1.39. AROMATISCHE SPINATBÄLLCHEN

Zutaten

1 kg	Blattspinat
2 - 4	Knoblauchzehen
1/2 - 1	frischer Peperone
5 EL	Olivenöl
1 Spritzer	Zitronensaft
1	Zitrone zum Garnieren
	Kristallsalz

Zubereitung

- Den Spinat waschen, nicht trocknen sondern nass in einen Topf geben und mit etwas Salz bestreuen. Zugedeckt bei mittlerer Hitze ca. 5 Minuten zusammenfallen lassen. Mit kaltem Wasser abschrecken und in einem Sieb abtropfen lassen.
- Schälen Sie den Knoblauch und hacken in klein.
- Peperone entkernen und sehr fein schneiden, beides mit Zitrone und Öl gut vermischen.
- Den ausgedrückten Spinat (man kann ihn nach Belieben im Ganzen belassen oder grob hacken) mit ein wenig Soße würzen, zu Bällchen formen und mit der restlichen Soße begießen.

1.40. ZUCCHINIFRIKADELLEN

Zutaten

500 g	kleine Zucchini
100 g	Weizenvollkornmehl
6	Knoblauchzehen
1 TL	Kräutermeersalz
2 EL	Petersilie

Zubereitung

- Die Zucchini mit der Schale fein in eine große Schüssel raspeln, die restlichen Zutaten dazugeben und gut durchrühren, bis alles gebunden ist.
- Ca. 10 Minuten quellen lassen.
- Öl leicht erhitzen und den Teig in kleinen Portionen ausbacken. Vorsicht beim Wenden des Teiges, denn dieser ist ziemlich nass.

Tipp: Im Falle, dass der Teig zu weich geworden ist, können Sie noch ein in Soja-Milch eingeweichtes, ausgedrücktes Vollkornbrötchen hinzufügen, die Frikadellen schmecken dann lockerer. Sie können die Frikadellen auch panieren oder in Sesamsaat wälzen, verbessert alles noch den Geschmack.

1.41. BIRNEN-KÄSE-SALAT

Zutaten

3	große Birnen
4-5	Scheiben normaler Wilmersburger (veganer Käse)
1	Zwiebel
1	Bund Schnittlauch
1-2 EL	Trauben-Essig
1 EL	Rapsöl
1 TL	Agavendicksaft
	Nüsse Ihrer Wahl
	Salz, Pfeffer

Zubereitung

- Die Birnen waschen, entkernen und in kleine Stücke schneiden.
- Die Käsescheiben in kleine Rechtecke schneiden. Die Zwiebel und den Schnittlauch jeweils fein hacken.
- Für das Dressing Zwiebeln, Essig, Öl und Schnittlauch mit dem Agavendicksaft vermischen und mit Salz und Pfeffer würzen. Gut durchmischen und 20 Minuten durchziehen lassen. Zum Anrichten etwas frischen Schnittlauch und Nüsse ihrer Wahl darüber streuen.

1.42. GEFÜLLTE PFANNKUCHEN MIT SPINAT, LINSEN UND QUINOA

Zutaten

250 g	Mehl
500 ml	Wasser
250 g	tiefgekühlter Blattspinat
1	Zwiebel
6	große Tomaten
100 g	Quinoa
150 g rote	Linsen
3-4	vegane Pilz-Käsescheiben
	Kräuter der Provence
	Knoblauchgranulat
	Salz und Pfeffer

Zubereitung

- Für die würzigen Pfannkuchen Mehl mit Wasser, Kräuter der Provence, Salz und Knoblauchgranulat zu einem geschmeidigen Teig verrühren und in Öl ausbacken. Die Pfannkuchen im Backofen warmhalten.
- Für die Füllung den Quinoa sowie die roten Linsen jeweils nach Packungsanleitung garen.
- Die Zwiebel klein hacken und in Öl andünsten.
- Den Tiefkühl-Blattspinat mit ein paar EL Wasser hinzugeben und rühren bis der Spinat zerfallen ist.
- Tomaten in feine Würfel schneiden, den Käse in kleine Stücke schneiden.
- Nun die Tomaten, Quinoa und Linsen zum Spinat geben und alles gut durchmischen.
- Ca. 5 Minuten köcheln lassen. Abschließend den Käse untermischen.
- Mit Salz, Pfeffer und Kräuter der Provence nach Belieben abschmecken.
- Zum Anrichten einige Löffel der Füllung auf einen Pfannkuchen geben und diesen Aufrollen.
- Wer hierzu gerne einen kleinen Dip mag, kann z.B. etwas Alnatura Paprika-Nuss Brotaufstrich mit einigen Esslöffeln heißem Wasser verrühren und dazu servieren. Fertig sind die schnellen und gesunden Pfannkuchen.

1.43. SÜßKARTOFFEL-TORTILLA

Zutaten

6-8	vegane Weizentortillas
2	große Süßkartoffeln
1	Limette
1	große Zwiebel
1	rote Paprikaschote
1	gelbe Paprikaschote
1	kleine Aubergine
5-6	Okraschoten
1 Dose	Kidneybohnen
1	kleiner Sojajoghurt
50 g	Pinienkerne
1 Bund	frisches Koriandergrün
	Agavendicksaft oder Ahornsirup
	brauner Rohrzucker

Zubereitung

- Die Süßkartoffeln schälen, in kleine Stücke schneiden und weich kochen.
- Schneiden Sie die Zwiebeln und Paprika in Streifen. Zwiebel natürlich vorher schälen.
- Auberginen in kleine Scheiben und Okraschoten in Stücke schneiden.
- Koriandergrün fein hacken und die Limette auspressen.
- Auberginen und Okraschoten in Olivenöl für 3-4 Minuten anbraten und zur Seite stellen.
- Zwiebeln anbraten und Paprikastreifen hinzugeben und für kurze Zeit mitbraten.
- Auberginen und Okraschoten untermischen und alles mit 1-2 EL braunem Rohrzucker mischen. Abschließend Kidneybohnen hinzugeben.
- Süßkartoffelwasser abgießen und mit dem Kartoffelstampfer pürieren, Limettensaft und ebenfalls brauner Zucker beigeben und alles vermischen.
- Backofen auf 160° erhitzen. Weizenfladen für einen kurzen Moment im Backofen erwärmen.
- Nun auf jeden Fladen 1-2 EL Süßkartoffelpüree geben. Etwas Gemüsemischung, 1 TL Pinienkerne, 1 TL Agavendicksaft sowie etwas Sojajoghurt und frischen Koriander dazugeben und alles möglichst fest aufrollen. Das Ganze mit den übrigen Tortillafladen wiederholen.
- Aus den Rollen nun gleichgroße Stücke schneiden. Diese jeweils auf einem Teller anordnen und servieren.

1.44. SOMMERROLLEN MIT ERDNUSSDIP

Zutaten

1 Block	Natur-Tofu	24	Reisteigplatten – ergeben 3 Rollen pro Person
2	Karotten	1-2 EL	Erdnüsse
1	Mango	50 g	Glasnudeln
1	Papaya		Erdnussbutter
1/2	Gurke		Sojasauce
1/2 Bund	frischen Koriander		Kokosmilch
1/2 Bund	frische Minze		auf Wunsch zusätzlich vegane süße Chili Soße

Zubereitung

- Die Glasnudeln nach Packungsanleitung kochen und in ca. 5 cm lange Stücke schneiden.
- Mango und Papaya schälen und jeweils in feine Streifen schneiden.
- Karotten und Gurke schälen und zusammen mit dem Tofu ebenfalls in dünne Streifen schneiden.
- Minzblätter und Koriander waschen und klein hacken.
- Einen großen Topf mit Wasser erhitzen und vom Herd nehmen.
- Jeweils 2 Reisteigplatten für ca. 20 Sekunden in das warme Wasser legen bis sie weich und von papierartiger Konsistenz werden.
- Reisteigplatten aus dem Wasser herausnehmen, abtropfen lassen und genau übereinander legen. Jetzt nach Belieben die klein geschnittenen Zutaten auf das untere Ende legen, die Seiten einfalten und alles nun zu einer Rolle aufrollen. Dabei achten Sie bitte, dass die Rolle schön fest gerollt wird, damit sie beim Schneiden nicht auseinander fällt.
- Mit den restlichen Reisteigplatten ebenso verfahren.
- Die Rollen dann in dicke Scheiben schneiden und in den Kühlschrank geben.
- 2 EL Erdnussbutter, 1-2 EL Sojasauce sowie 2 EL Kokosmilch miteinander verrühren. Je nach Konsistenz eventuell noch etwas Wasser hinzugeben. Die Erdnüsse auf dem Dip verteilen.
- Nun die Sommerrollen-Stücke zusammen mit dem Erdnussdip servieren. Hierzu schmeckt auch ein süßer Chili-Dip. Fertig ist ein frischer und gesunder Snack für warme Sommer-Abende, der jedoch auch als Vorspeise geeignet ist.

1.45. SOMMERSALAT MIT FRISCHEM SPARGEL

Zutaten

500 g	grüner Spargel	1 EL	vegane Margarine
2	kleine Chicorée		Zucker
200 g	gemischter Pflücksalat oder Wildkräutersalat		Agavendicksaft
			weißer veganer Balsamico
1 Pck	frische Himbeeren		Olivenöl
1/2 Bund	frische Minze		Salz und Pfeffer
150 g	Walnusskerne		
1/2 Glas	Mango-Marillen Marmelade		

Zubereitung

- Zuerst den Spargel (muss nicht geschält werden) bissfest garen und dann in 1-2 cm große Stücke schneiden.
- Den Chicoree waschen und in feine Streifen schneiden.
- Den Pflücksalat ebenso waschen und zerteilen.
- Himbeeren vorsichtig waschen, Minzblätter abtrennen und kleinhacken.
- Etwas vegane Margarine in einem kleinen Topf zerlassen und 2-3 EL Zucker sowie 2-3 EL der Mango-Marillen Marmelade hinzugeben. Dann die Walnusskerne hinzugeben und karamellisieren.
- Für das Dressing 1 EL der Mango-Marillen Marmelade, etwas weißen Balsamico sowie Olivenöl mit Salz und Pfeffer mischen. Etwas Agavendicksaft hinzugeben, so dass das Dressing leicht süß ist.
- Alle Salat-Zutaten mit dem Dressing vermischen und je nach Wunsch mit einigen Minzblättern dekorieren.

1.46. KÄSE

Zutaten

1 Tasse	Hefeflocken
1 EL	Weizenmehl
3 EL	Maisstärke
1/2 Tasse	Öl
3 Tassen	Wasser
1/2 TL	Knoblauch
1 TL	Senf

Zubereitung:

- Maisstärke, Hefeflocken und Weizenmehl in eine kalte Pfanne geben.
- Das Wasser unter ständigem Rühren hinzugeben.
- Stellen Sie die Pfanne auf den Herd und warten Sie bis unter ständigem Rühren die Masse cremig wird. Kurz aufkochen.
- Senf, Öl und Knoblauch daruntermischen.

1.47. WALDORFSALAT

Der Waldorfsalat wurde Ende des 19. Jahrhunderts in New York im Hotel Waldorf, dem Vorläufer des Hotels Waldorf-Astoria kreiert, allerdings noch ohne Walnüsse. Heute gehört die Version mit Walnüssen zu den Klassikern der Salatküche.

Zutaten

50g	gehackte Walnüsse
50g	kernlose Trauben
3 Stangen	Sellerie
4 El	Naturjoghur
3	Äpfel
4 El	vegane Mayonnaise
2 El	Zitronensaft

Zubereitung

- Hacken Sie den Sellerie und die Äpfel klein. Es empfiehlt sich die Äpfel in Würfel zu schneiden.
- Die Äpfel in eine Schüssel geben und den Zitronensaft darüber geben.
- Anschließend kommen der Sellerie, die Nüsse, die Trauben, der Joghurt und die Mayonnaise hinzu.
- Alles gut verrühren und mit Salz und Pfeffer abschmecken. Fertig!

1.48. VEGANER FLEISCHSALAT

Zutaten

250 g	Räuchertofu
150 g	Gewürzgurken
3 EL	Gurkenflüssigkeit
2 TL	Zucker
300 g	vegane Mayonnaise
	Salz und Pfeffer
	Paprikapulver

Zubereitung

- Den Räuchertofu und die Gewürzgurken in kleine, schmale Streifen schneiden und in eine große Schüssel geben.
- Mayonnaise mit Gurkenflüssigkeit glatt rühren, abschmecke, in die Schüssel hinzufügen und mischen.
- Ca. 15 Minuten durchziehen lassen.

Im Band 2 geht es weiter mit leckeren Rezepten der veganen Küche für Suppen & Eintöpfe.